Met de Paus van Satan door Bruges-la-Morte

stadswandeling
naar een scenario van Patrick Bernauw
gebaseerd op zijn historische thriller
De Paus van Satan

Productie:
www.scriptomanen.org

In de reeks "Mysterieus België":
www.stadsspelen.blogspot.com
www.stadswandeling.blogspot.com

www.bernauw.com
www.embee.be (extra fotografie)
www.stadswandeling.blogspot.com

Alle informatie: info@inter-actief.be

Wettelijk Depot D/2011/12.262/5
ISBN 978-1-4476-6513-7

U kunt gratis een stadsplan van Brugge-centrum downloaden, en wel hier:
http://foto.brugge.be/dl/planbrugge_nl.pdf

Laten we van start gaan in het oudste café van Brugge,
***Café Vlissinghe*, Blekersstraat 2.**
Neemt u daar even de tijd om deze boodschap
te lezen:

Het is niet moeilijk, mijnheer, mevrouw!
Het is niet moeilijk spoorloos te verdwijnen in Brugge!
Hoeveel jonge vrouwen zouden al niet
reddeloos verloren gelopen zijn
in deze sferen van voze romantiek,
als in een verhaal van Georges Rodenbach?

Hoor! In Bruges-la-Morte
strooien de klokken slechts het stof van klanken
om zich heen! In Brugge-die-Stille
slaat de beiaard niet het nieuwe uur,
maar de dood van het uur!

Hebt u de heksenflora gezien, meneer?
Die nog altijd welig tiert tussen de straatstenen?
Hebt u de geur van zwavel en pek geroken,
die nog steeds zwaar tussen deze muren hangt?

Hebt u de nachtegalen van het Minnewater gehoord?
Hoe ze ingetogen zingen over een wereld
die voor de meesten onder ons
altijd onbereikbaar zal blijven?
Hoe nabij hij soms ook lijkt?

Ik heb hier een plattegrond
van het middeleeuwse Brugge. Ziet u?
De kaart verschilt in niets van een stadsplan uit deze eeuw!
Nog steeds bezit de stad de labyrintische vorm van…?

Van een horlogeveer, jawel meneer, mevrouw!
Nog steeds is de stad een onoverzichtelijke spiraal,
die zich niet stoort aan de wetten van tijd en ruimte,
en waardoor de argeloze toerist
– niet voorzien van kaart of kompas –
voortdurend op zijn vertrekpunt terugkeert!
Misleid wordt hij of zij
door de architecten en de urbanisten
die deze stad verloren hebben gelegd
in hun zwartmagische kringen en slingeringen!

Zal ik u vertellen over de Ondeugden & het Verderf
die sluimeren achter de gothische gevels
van het fabuleuze operadecor dat Brugge is…?

Zal ik u de wijze woorden citeren,
als evenzovele parels voor de zwijnen
van de grote dichter Karel van de Woestijne?

Hoe in deze stad van de katholieke God ook,
en met dezelfde zonden van vraatzuchtige gulzigheid
achter schijnheilige gevels
en onkuisheid in stijfstemmige kledij
de Satan huist die in de vijftiende eeuw
de festijnen bereidde en de ontucht leidde
aan 't Hof van Bourgondië...

Wellicht schenkt u geen geloof
aan de geruchten over jonge meisjes
die reddeloos verloren liepen voorbij
het geheimzinnige poortje
van een mediterende achtergevel.

Wellicht hoort u hier alleen maar
gecharmeerde toeristen verrukte kreetjes slaken
in alle talen van de beschaafde wereld.

Wellicht wilt u de kleine venstertjes niet zien
die zo goed op lege ogen lijken,
of de dichtgemetselde in- en uitgangen
die naar onderaardse losplaatsen leiden…

En toch is het precies dat wat ik u tonen zal.

Ik, Joris-Karl Huysmans, geboren in 1848 in Parijs,
uit een Nederlandse vader en een Franse moeder.
Gestorven in 1907.
Ik, die als jong schrijver nauw betrokken raakte
bij de naturalistische kring rond Zola,
doorbrak met *A Rebours*,
'bijbel van het decadentisme',
en uitgroeide tot één van de iconen van het symbolisme.

J.K. Huysmans, de estheet
met zijn voorliefde voor het kunstmatige.
Een leven lang probeerde ik
mij af te zonderen van de wereld!
Een leven lang leed ik aan tal van zenuwziekten!

In 1891 publiceerde ik mijn schandaalroman
over het satanisme: *Là-bas*...

Volgt u ons dus maar… als u durft!

Volgt u me dus maar naar…
Daar Beneden!

Volgt u me dus maar…

Loopt u de Blekersstraat uit en
Sla dan rechts de Jeruzalemstraat in,
en begeef u naar de Jeruzalemkerk.

En gaat u daar maar binnen.

1139… Diederik van den Elzas, graaf van Vlaanderen,
gaat op kruisvaart naar Jeruzalem.
Hij is gehuwd met Sybilla van Anjou,
dochter van koning Fulk van Jeruzalem.

Op Kerstdag 1148, in het Heilig Graf
dat zich vlakbij de Tempel van Salomon bevindt,
geven enkele Tempeliers hen de stenen kruik
die ze hier gevonden hebben,
met het Heilig Bloed van Christus.

De schone Sybilla en enkele ridders in haar gezelschap
zijn besmet met lepra en worden geplaagd
door afschuwelijke koortsaanvallen.
Maar wanneer Sybilla de onschatbare reliek aanraakt,
ziet ze in een visioen het Nieuwe Jeruzalem
van het Westen!

En het is Brugge. Het is Brugge-die-Stille.

En zie!... Zie!... Zij is genezen!
En alle melaatsen die rond haar staan…
Zij zijn ook genezen! Op miraculeuze wijze…
Genezen!

'Als dank voor dit grote wonder,' zweert zij plechtig,
'zal ik van Brugge-die-Stille
een Nieuw Jeruzalem te maken, een Heilige Stad,
een hemel op aarde!'

Wanneer Diederik van den Elzas en Sybilla van Anjou
hun Blijde Intrede doen in Brugge
hebben de metselaars net de laatste steen gelegd
van de Basiliuskapel aan de Burg.

Vanaf nu zal het Sanguis Christi of het Heilig Bloed
hier aangeroepen worden
voor de meest uiteenlopende aangelegenheden,
van strikt persoonlijke zaken
tot belangrijke politieke beslissingen.

Het oudste document
met een vermelding van het Heilig Bloed
dateert van 1256.

Er gaapt dus een kloof van meer dan een eeuw
tussen deze legende en dit document.

Het is dan ook zeer wel mogelijk dat het Heilig Bloed
pas veel later in Brugge aankwam
dan de legenden beweren.

Maar dat doet er nu niet toe.
Wat de graaf en gravin van Vlaanderen wilden dat het was,
dàt is belangrijk.
Wat hun nazaten wilden dat het was.
Wat de Tempeliers wilden dat het was!

1307… Onder druk van de Franse koning Filips de Schone
worden zowat overal in Europa heel wat ridders
van de Orde der Tempeliers gearresteerd.
Eindeloze martelingen
doet ze valse bekentenissen afleggen.
Nogal wat Tempelridders eindigen op de brandstapel.
De zogenaamde 'Orde van de Witte Mantels'
wordt door de paus ontmanteld.
De aanklacht? Ketterij! Sodomie!

In werkelijkheid had de Franse koning zoveel schulden
bij de Tempelorde dat de Franse staat
alleen op deze manier kon overleven.

De Orde is opgericht in 1119 door een Frans edelman.
Hij verzamelde negen ridders rond zich,
die officieel de taak op zich namen
om de duizenden pelgrims op de ontelbare wegen
in het Heilig Land te beschermen
tegen de heidenen.

Koning Boudewijn II van Jeruzalem
stond hen een hoofdkwartier toe
in de Al Aqsa-moskee op de Tempelberg –
een heilige plaats voor moslims, joden en christenen.

Hier zouden zich de ruïnes bevinden
van de Tempel van Salomon,
de legendarische bergplaats van de Ark van het Verbond.

De kruisvaarders verbouwden de moskee tot een kerk,
de Tempel van de Heer, en werden bekend
als de Tempeliers.

Men beweert dat de Tempeliers 'iets' hebben ontdekt
in de Tempel van Salomon:
de Ark van het Verbond, de Graal,
een evangelie geschreven door Jezus zelf,
documenten die bewijzen dat Hij niet stierf aan het kruis,
dat de kruisiging een mystificatie was,
dat hij getrouwd was met Maria Magdalena
en nakomelingen bezat.

Geen van die beweringen wordt hard gemaakt
door documenten of historisch bewijsmateriaal...
Met één uitzondering:
het Heilig Bloed van Bruges-la-Morte...
door de Tempeliers gevonden
en aan de graaf van Vlaanderen geschonken
om van Brugge-die-Stille
een Nieuw Jeruzalem van het Westen te maken...

En als Brugge een Nieuw Jeruzalem moest worden,
dan mag men dat vrij letterlijk interpreteren.
Het Venetië van het Noorden
bezit net als die andere Heilige Stad immers ook
een Heilig Graf,
waarin een dode Christus-Koning rust...
en natuurlijk een splinter van het Ware Kruis.

Deze Kerk van het Heilig Graf, ook bekend als de Jeruzalem Kerk, is een vreemd gebouw, en nog steeds eigendom van de Adornes-familie – de kooplui die in de 15de eeuw van Genua naar Brugge kwamen om een kapel te bouwen die een exacte kopie moest zijn van de Heilig Grafkerk van Jeruzalem. De kapel was klaar in 1470...

De Adornes-familie kocht wol in Schotland en verkocht luxe producten aan de Italianen. Anselmus Adornes was een vriend van de hertog van Bourgondië en als diplomaat was hij vaak op missie in het buitenland, vooral voor de Schotse koning James III. Het was ook in Schotland, in 1483, dat Anselmus in een gevecht werd gedood. Zijn lichaam werd daar begraven, maar zijn hart werd overgebracht naar Brugge en naast de resten van zijn vrouw gelegd, in het centrale mausoleum van de Jeruzalemkerk.

De Jeruzalemkerk heeft een achthoekige toren, bekroond met het 'kruis van Jeruzalem' en de symbolen van zon en maan. Het getal 8 bekleedt overigens een bijzonder plaats in de christelijke numerologie. De recipiënt van het Heilig Bloed is octogonaal en men vindt de achthoekige vorm terug in tal van Vlaamse kerktorens en in doopvonten. Door het doopsel wordt de mens 'herboren' en krijgt hij uitzicht op het eeuwig leven. Het waterbekken wordt vaak afgebeeld met drie zijden naar voor en vijf naar achter. In de oosterse esoterische leer staat het cijfer 358 (3 + 5 = 8) voor de Messias; het waterbekken stelt Zijn komst voor. In het Hebreeuws is de 8 het meest heilige getal, dat staat voor Jahweh, de naam van God. Het symbool van de achthoek speelt ook een rol in de vrijmetselarij, waar de 8 slaat op verlossing door het verwerven van ultieme kennis (omdat men in de achthoek de kwadratuur van de cirkel terugvindt?). En als het Getal van het Beest 666 is, dan liet Jack the Ripper niet toevallig voor het eerst van zich spreken in 1888.

In de Jeruzalem Kerk wordt de bezoeker geconfronteerd met het mausoleum van de Adornes-familie, en een altaar met drie enorme kruisen en afbeeldingen van schedels – Golgotha, de Schedelberg – en met ladders, beenderen, zwepen, een doornenkroon, spijkers, hamers... of de Arma Christi, de voorwerpen waarmee Christus werd gefolterd. Achter het altaar en onder het koor bevindt zich de crypte die een imitatie is van het Heilig Graf.

Op een opvallende manier is in de Jeruzalemkerk een wapenschild aanwezig, niet van de Adornes-familie, maar van de Orde van het Heilig Graf. Dit kan men onder meer vinden in de vloer van de crypte. Het wapenschild onderstreept het verband tussen de Adornes en een Orde die veel minder bekend is dan die van de Tempeliers, maar even intrigerend. De Orde van het Heilig Graf van Jeruzalem gaat terug tot Godfried van Bouillon, de leider van de eerste kruistocht en de bevrijder van de Heilige Stad in 1099.

Het lijkt er sterk op dat de Tempeliers, de Orde van het Heilig Graf en de graven van Vlaanderen de stad Brugge wilden omtoveren tot een Nieuw Jeruzalem van het Westen – het religieus, mystiek en politiek centrum van de Verenigde Staten van Europa. Als Jeruzalem op een kwade dag in moslimhanden zou vallen, dan konden de pelgrims van toekomstige generaties naar Brugge trekken, waar een Priester-Koning met 'heilige' antecedenten zou resideren. Dat was natuurlijk ook de reden waarom het Heilig Bloed van Christus naar Brugge moest komen...

Nu u de Jeruzalemkerk hebt gezien,
zult u het Verhaal van de Graal
ook beter naar waarde weten te schatten…

Chrétien de Troyes is een Frans dichter uit de 12de eeuw,
die omstreeks 1181 in dienst gaat de graaf van Vlaanderen,
de zoon van Diederik van den Elzas, Filips.
In zijn opdracht schrijft Chrétien
Parsival of het Verhaal van de Graal.
Het werk blijft met zijn 9000 verzen onvoltooid.

Parsival trekt als jongeman naar het hof van koning Arthur.
Hij wil ridder worden, grootse daden verrichten!
In het kasteel van de Visserkoning
is hij getuige van een mysterieuze processie…
Het lijkt wel de Processie van het Heilig Bloed in Brugge.

Bij iedere nieuwe gang van de maaltijd
trekt een schare jonge mannen en vrouwen
aan Parsival voorbij.
Ze dragen schitterende voorwerpen,
die te maken hebben met de Passie van Christus,
zoals de lans van Longinus waarmee op de Schedelberg
de zijde van de Verlosser werd doorboord…

Het is een mysteriespel, een Passiespel.
Het zijn de Arma Christi.

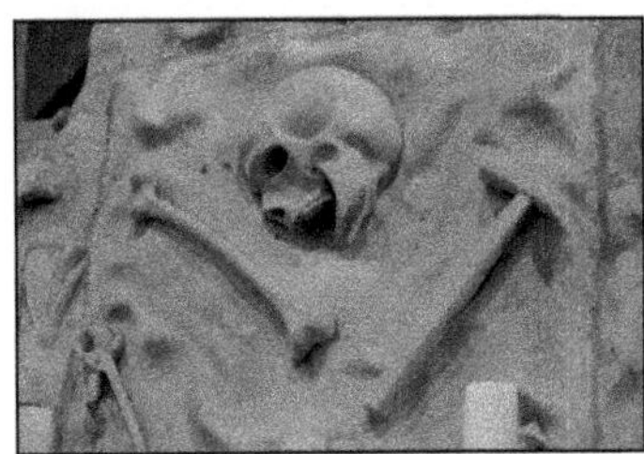

Wanneer hij de volgende morgen ontwaakt,
is het kasteel verlaten.
Parsival keert terug naar het hof van koning Arthur,
waar men hem vertelt dat de juiste vraag
de gewonde koning zou hebben genezen.
Hij zweert dat dat hij het Graalkasteel zal zoeken…
en dat hij zijn verschrikkelijke vergissing recht zal zetten!

Chrétien laat zijn luisteraars in het ongewisse
over de precieze aard van de Graal.
Pas veel later wordt het die ene beker
van het Laatste Avondmaal,
waarin ook het bloed van Christus werd opgevangen
op Golgotha, toen de Romeinse soldaat Longinus
hem de zijde doorboorde.

En nog later wordt de Graal het koninklijk bloed,
San Royal, San Greal, Saint Graal…
Oftewel: de bloedlijn, het geheim
van de afstammelingen van Jezus Christus
en Maria Magdalena…

En altijd is daar weer Brugge… Bruges-la-Morte …
Chrétien heeft zijn verhaal immers geschreven
op basis van een boek dat hij kreeg
van Filips van den Elzas,
zoon van Diederik,
die het Heilig Bloed naar Brugge bracht…

**Begeven we ons nu via Molenmeers,
Predikherenbrug –en straat, Braambergstraat
en Rozenhoedkaai, langs de Dijver
naar de Gruuthuusestraat
en het Guido Gezelleplein,
alwaar wij dit gedicht declameren:**

BRUGGE

door Guido Gezelle

'τ Is wonder hoe de Brugse stad
bijna heel 't Heilig Land bevat:
hier heet een kerk Jeruzalem
of Nazareth of Bethlehem,
Bethaniën ligt niet ver van daar,
Sarepta ziet men nog voorwaar,
en Sion met zijn oud convent
was eertijds heel de stad bekend.
Van aan Carmelus hoog bekroond
alwaar de Carmelieter woont
tot op de Burg waar 't Heilig Bloed
Calvarieberg herdenken doet,
brengt Brugge, 't zij van welke kant
gedachten bij van 't Heilig Land.

**Lopen we ook even de O.L. Vrouwekerk binnen,
waar we een Madonna met Kind opzoeken,
van de hand van Michelangelo –
het is één van zijn weinige beelden die zich
buiten Italië bevinden:**

En laten we het schilderij van Quellinus niet vergeten, dat het Mystieke Huwelijk van de Heilige Katharina voorstelt.

embee.be

Gewoonlijk doet het kindje Jezus een ring rond de vinger van Katharina, maar hier is het een knappe jongeman en aan zijn zijde lijkt Maria Magdalena te staan…

embee.be

Via Kathelijnestraat, Walstraat, Walplein, Wijgaardstraat gaan we nu naar het Begijnhof.

In de nacht van 8 september 1890
wordt Berthe Courrière hier ergens aangetroffen,
alleen gekleed in haar lingerie.

'Ik ben gevlucht uit het huis van Louis Van Haecke!'
brabbelt ze. 'De kapelaan van het Heilig Bloed
probeerde me te betrekken bij zijn zonderlinge praktijken!'

De politie gelooft haar niet
en laat haar meteen opnemen
in het krankzinnigengesticht van St. Julien.
De kapelaan van het Heilig Bloed heeft nu eenmaal
een uitstekende reputatie…
Caroline Louise Victoire Courrière, daarentegen…

Ze is twintig wanneer ze naar Parijs trekt
en daar de minnares wordt
van ministers, officieren en kunstenaars…

Op de Sûreté Générale van Parijs
werkt een vriend van haar, J.K. Huysmans…
Maar in de eerste plaats is zij de muze
van Remy de Gourmont.

Hij beschrijft haar in zijn romans als
'een kabbaliste en een occultiste,
gefascineerd door de sluier van Isis
en door Aziatische religies en filosofieën,
door persoonlijke en niet van gevaar verstoken ervaringen
geïnitieerd in de meest gevreesde geheimen
van de Zwarte Kunst. Een ziel, kortom,
tot wie het Mysterie heeft gesproken…'

Ze lijdt onder zondige en zonderlinge passies.
Voor priesters.
In hun biechtstoel biecht ze de geilste zonden op.
Tot de priester in kwestie zijn priestergewaad opschort
en haar neemt,
daar, beneden,
in het heilige der heiligen!
Maar is zij daarom een zottin!?

Ze verzamelt de godslasterlijke erotische prenten
van Félicien Rops, de kunstenaar uit Namen.

Maar is zij daarom een zottin!?

Hij illustreerde literaire werken als
Les Fleurs du Mal van Baudelaire,
of *Les Diaboliques* van Barbey d'Aurevilly.
Zijn vrouwenfiguren personifiëren
de Verleiding & het Kwaad en zijn doorgaans
gemodelleerd naar de Vlaamse meisjes uit Bruges-la-Morte
waar Rops zo gek op was.

‘U moet Gourmont vragen naar Brugge te komen
om mij vrij te krijgen, dokter!’ zegt zij.
‘Ik ben op de vlucht geslagen
voor de zonderlinge handelingen
van kapelaan Van Haecke!’

Haar medisch rapport vermeldt dat zij

- een vurig temperament bezit
- goed geschoold en gecultiveerd is
- een moeilijk te definiëren beroep uitoefent
- een gecompliceerde levenswandel heeft.

De patiënte werd door de politie aangetroffen
in staat van delirium, met een vrij grote som geld
in haar lingerie – 233,54 frank.

Haar gedrag is bizar en gewelddadig.
Zij is extreem verward en vertoont
tekenen van ernstige hysterie.
Ze stoot onsamenhangende woorden uit.
Namen?

‘Edouard heeft het gezegd…’
‘Van Haecke volgt de Ritus van de Ripper.’

Het is onmogelijk de patiënte
concrete informatie te ontlokken
met betrekking tot haar verleden en/of de omstandigheden
die tot de zenuwinzinking hebben geleid.

‘Dat moet het werk zijn van de Paus van Satan!
Ik ben gevlucht uit het huis van Louis Van Haecke
omdat ik geen deel wilde zijn van het satanisch ritueel!
Hij volgt de Ritus van Melchizedek!
Hij bereidt de komst van de Antichrist voor!’

‘Als u geld nodig hebt,
stel u dan in verbinding met mijn goede vriend J.K.!
Of met Prins Caraman Chimay! Met neef Gourmont!
Het is een zaak van leven of dood, van staatsbelang zelfs…
Nee, van het Aller-Allerhoogste belang!
Zij zullen mij hier gauw kunnen weghalen!
En de prins of J.K. zijn de enigen
die nog met Hem kunnen afrekenen!’

Wie bedoelt zij met ‘Hem’?
Edouard? Jack the Ripper? Kapelaan Van Haecke?

‘De prins is ertoe in staat.
Want hij is minister van Buitenlandse Zaken.
En J.K. is ertoe in staat. Hij is de baas van de Sûreté.
Stuur ze een telegram! Alstublieft!
Nu! Nu meteen! J.K. van de Sûreté!’

Het is moeilijk te geloven dat zij
bevriend zou zijn met prins Caraman de Chimay?
Gelukkig is men er ondertussen wel in geslaagd
de identiteit van de ‘neef’ te achterhalen…
Remy de Gourmont…

‘Hij zal bevestigen dat ik ze ken!
De prins en J.K.! Van de Sûreté!
Maar u moet alle bedienaren van de kerk
de toegang tot mijn kamer verbieden, dokter!
Begrijpt u dat?’

En de dokter geeft toe…
Het is eigenaardig dat de politie haar kleren
heeft teruggevonden in het huis van kapelaan Van Haecke.

Begeven wij ons brevierend naar het Minnewater…

‘Ik bezoek graag de literaire salons van Engeland,’
verklaart Louis Van Haecke.
‘Maar toch vooral die van Parijs, moet ik zeggen.
Het is daar dat ik deze dame heb ontmoet,
met haar interessante ideeën
over het Heilig Bloed, de Graal, de Tempeliers.
Ze wilde de kapel van het Heilig Bloed wel eens zien.
Ik bood haar mijn huis aan,
zodat ze niet in een hotel hoefde te overnachten.
Dat had ik wellicht beter niet gedaan.
Want toen ging ze ineens aan de haal, halfnaakt.’

Hij zal regelmatig in St.-Julien informeren
naar haar geestelijke toestand.

‘Is het dan niet mijn goed recht nieuwsgierig te zijn?
Enig medeleven te tonen?’

Toen Berthe hem voor het eerst ontmoette,
begreep ze meteen wie hij was:
de demonische priester uit Bruges-la-Morte
over wie de verdoemde dichter Edouard Dubus
had gesproken…

‘Wat zou de Graal anders zijn,’ zei ze,
‘dan het Heilig Bloed van Brugge?
En als er al een reliek magische krachten bezit,
dan toch zeker wel deze?
Bent u nooit in de verleiding gekomen,
als Bewaarder van de Graal,
om met de krachten van de relikwie te experimenteren,
eerwaarde vader?’

‘Welke sterveling zou niet in de verleiding komen?’
gaf Van Haecke grif toe. ‘Maar ware magie
werkt altijd bij de gratie van de energie
die ontstaat wanneer tegengestelde krachten
met elkaar in aanraking komen.
Als man alleen ben ik machteloos.’

‘U hebt een vrouw nodig.’

‘Ja. Voor het Sacrament van het Offer aan Melchizedek
is een vrouw nodig.’

'Op de achtste avond van de negende maand
zouden ze het Ritueel van Melchizedek voltrekken.
Berthe wist niet beter
dan dat ze de liefde zouden bedrijven
in de kapel van het Heilig Bloed,
in de schaduw van de Graal.
Van Haecke had geen details verstrekt.
Hij zou haar daar opwachten.
Klokslag middernacht moest ze zich bij hem voegen.
Onder een lange mantel droeg ze haar fijnste lingerie,
zoals hij het wilde.
Ze was bijzonder opgewonden,
bij het vooruitzicht alleen al.

En daar zat ze dan.
Wachtend tot de tijd gekomen was
om zich door de stille straten van Brugge te reppen
naar de Basiliek van het Heilig Bloed.
Ze hield het niet meer. Bijna.

Toen werd er aangebeld. Natuurlijk ging ze niet opendoen.
Maar nu bonsde er iemand op de deur. Hard.
En hoorde ze daar haar naam? Riep iemand haar naam?

Ze ging kijken. Het was Edouard Dubus,
compleet over zijn toeren.
Hoe wist hij waar ze was?
Ze liet hem binnen, bang voor een scène.
Als de mensen hen zagen staan
voor het huis van kapelaan Van Haecke,
als ze hen daar zo bezig hoorden…

Edouard gilde het uit:
'Wat denk je dat hij van plan is, Van Haecke?'

'Ik begrijp het niet, Edouard!
Ben je helemaal naar Brugge gekomen
om mij dat te vragen?'

'Wat heeft Van Haecke gezegd dat jullie gaan doen?'

'Wat denk je dan dat we gaan doen?
Ik heb de liefde bedreven in de sacristie,
in een biechtstoel, op een altaar…
maar nooit in de schaduw van de Graal!
Dat zou pas seksuele magie zijn!
Van Haecke heeft mij gesproken
over het Sacrament van Melchizedek,
over de vereniging van het mannelijke en het vrouwelijke,
over de krachten die gegenereerd worden
door een ware *union de vie* en…'

‘Maar snap je het dan niet, domme gans?
Hij heeft de Ritus van Melchizedek
helemaal geperverteerd!
Hij heeft de Rite tot in het extreme doorgetrokken,
en zoals het nooit bedoeld is geweest!
Domme, domme gans!
Als Jezus Christus mens is geworden…
Als Hij is geïncarneerd
in een man die onder ons heeft geleefd…
Als deze man het Slacht-Offer is geworden
van een Boze, Toornige, Naamloze God
van Hel en Verdoemenis…
Wat stelt het Sacrament
van het Offer aan Melchizedek dan voor, denk je?’

‘Als deze man het Slacht-Offer is
van wie het bloed werd vergoten
om de mensheid te verlossen van het Kwaad,
wat hebben we dan nog nodig
om werkelijk verlost te worden van het Kwaad?
Want zijn we al verlost, Berthe? Nee toch!
Zijn we al verlost? Nee! Nee! Nee!
Wat hebben we nog nodig!? Zeg het!
Komaan, Berthe! Je weet het best! Zeg het!’

‘Een vrouw…?’

‘Een vrouwelijk Slacht-Offer hebben we nodig! Zo is dat!
Pas dan kan het Sacrament compleet zijn!
Het evenwicht hersteld!
Pas dan zal de mensheid waarlijk verlost worden!
Een vrouw dient als Slacht-Offer
naar het altaar geleid te worden,
om een Passie te beleven zoals de man Jezus Christus
die aan den lijve heeft ondervonden
door de folterwerktuigen van de Passie,
de Arma Christi!
Haar bloed moet worden vergoten
zoals zijn bloed werd vergoten
en het bloed van de man en het bloed van de vrouw
zullen vermengd worden in een *union de vie*!
En het is hun beider bloed
dat de hogepriester moet drinken, Berthe!
Het is van hun beider lichaam dat hij moet eten!
Dan pas zal het Sacrament volbracht zijn!
Dan pas zal de Antichrist neerdalen op aarde
om de Apocalyps in te zetten!’

'Want waar is Jack the Ripper anders mee bezig, denk je?
Hoe wil je de rituele moorden op vrouwen
anders verklaren, Berthe?
Hoe wil je anders het drinken van hun bloed verklaren?
Het eten van hun vlees?
Het zijn de rituelen die aan de Komst van de Antichrist
vooraf moeten gaan!'

Maar toen keerde Van Haecke onverwachts terug.
Had men hem verwittigd
dat er een gek op zijn deur stond te bonzen?
Dat er een vrouw gekleed in een lange donkere mantel
uit zijn huis was gekomen
om zich vervolgens samen met de gek
in datzelfde huis op te sluiten?
Had hij op een of andere manier onraad geroken?
Louis Van Haecke was helderziend, ongetwijfeld...

Plotseling werd de deur opengeworpen
en weerklonken zijn voetstappen in de gang,
zwaar en dreigend.
En toen stond hij al in de zitkamer,
ziedend van woede, met bliksemende ogen,
zijn lange witte lokken in wanorde en bezweet
tegen zijn voorhoofd plakkend.

'Vlucht, Berthe! Vlucht!' schreeuwde Edouard.
En hij stortte zich als een dolle furie op de kapelaan,
klauwend naar zijn ogen.

'Nee Berthe! Niet doen!' riep Van Haecke nog,
terwijl zij al langs hem heen liep...
En hij greep haar mantel vast,
maar zij glipte eruit
en vluchtte,

halfnaakt,
weg uit dit huis in het hart van Bruges-la-Morte,
naar buiten, de frisse nachtlucht in,
en verder, verder...

Want zij wilde niet eindigen
als het zoveelste sacramentele Slacht-Offer
van Jack the Ripper,
ritueel geslacht door de paus van Satan
die precies op die manier de Komst van de Antichrist
moest voorbereiden,
omdat het nu eenmaal zo beschreven stond
en geprofeteerd is geweest…

Zij zou niet eindigen als Slacht-Offer.
Zij niet.

Via Wijngaardstraat en Kathelijnestraat, Nieuwe Gentweg, Groeninge, Arenthuis, Dijver en Wollestraat gaan we naar de Burg en bezoeken we De Basiliek van het Heilig Bloed.

Deze plaats had hij uitgekozen als decor
voor het Sacrament van het Offer aan Melchizedek.
Het was in deze kapel
dat de belangrijkste relikwie van het christendom
beschermd moest worden door Louis Van Haecke,
mogelijk de Paus van Satan…

Uiteraard mocht het geen verwondering wekken
dat de Paus van Satan
als hoofdkwartier Bruges-la-Morte had gekozen,
dit mystieke centrum zonder weerga,
deze schatkamer van het christendom!

Als Satan een frontale aanval op de Kerk inzette,
dan was het compromitteren
van het Heilig Bloed van Christus een goede start!

Maar hoe kon iedereen in Brugge
zo gemakkelijk worden bedrogen?

CHASSE DE LA RELIQUE DU PRÉCIEUX SANG
REPOSOIR DE LA RELIQUE DU
INTÉRIEUR DE LA CHAPELLE DU PRÉCIEUX SANG
LE

Nu goed, op die prachtige dag in mei
liep Brugge vol met vreemdelingen
die de Processie van het Heilig Bloed wilden meemaken.

Ik zag Satans Paus al zeer vroeg die dag,
gedurende de mis die werd opgedragen
in de bovenkapel van de Basiliek.

De plechtigheden werden afgesloten op de Burg,
met een zegening op een altaar voor het stadhuis,
tegen de donkere achtergrond
van de Basiliek van het Heilig Bloed.

De gewijde schat werd uit de schrijn genomen
en kapelaan Van Haecke
stak het Heilig Bloed met beide handen de hoogte in,
zodat het volk de relikwie kon aanbidden.

Daarna keerde Louis Van Haecke
terug naar de kapel waar hij heer en meester was,
samen met het zo vurig vereerde object,
en viel het doek over het mysteriespel,
en de nacht over Bruges-la-Morte…

De Burg bleef leeg en donker achter,
vervuld van zwarte schaduwen,
ook bij de deur van de kapel waar de relikwie rustte…
en waar ik wachtte
op de paus van Satan.

LE
PRÉCIEUX SANG
À BRUGES,
par
L. VANHAECKE,
premier Chapelain
du
PRÉCIEUX SANG.
Quatrième Edition.
BRUGES
(Belgique).
1900
LITH. AUG. ANCOT,
BRUGES (Belgique).

Het lage gedeelte, opgedragen aan Sint Basilius, lijkt nog het meest op een donkere crypte. Dit Heilige der Heiligen is een van de oudste gebouwen van Brugge, want hier – in een kostbare schrijn van goud en zilver, versierd met edelstenen – bewaart de Broederschap van het Heilig Bloed de ongemeen kostbare reliek uit Palestina: een kleine hoeveelheid van een rode vloeistof, naar verluidt bloed en water, die volgens een eeuwenoude traditie door Jozef van Arimatea werd verzameld nadat hij het dode lichaam van Jezus had gewassen. Het flesje werd zorgvuldig gesloten en verzegeld met gouddraad in een glazen buis gestopt en het werd van oudsher bewaard in de kapel van Sint-Basilius, beter bekend als de Kapel van het Heilig Bloed.

Na enige tijd scheen het bloed opgedroogd te zijn, maar zoals dat gebeurt met miraculeuze relikwieën, werd het weer vloeibaar, en wel elke vrijdag, meestal omstreeks zes uur. Het wekelijkse wonder bleef intact tot omstreeks 1325, en sindsdien heeft het alleen nog in 1388 plaatsgevonden... Andere wonderen die door bemiddeling van de relikwie tot stand zijn gekomen: een doodgeboren kind kwam in de Kapel van het Heilig Bloed na drie dagen tot leven; een jong meisje dat al twintig maanden leed aan een aandoening die veroorzaakt werd door 'kwaad bloed' en voor wie de artsen niets meer konden doen, genas nadat een doek op haar was gelegd dat ook werd gebruikt om de relikwie toe te dekken; een meisje dat al geruime tijd verlamd was, werd naar de Basiliuskapel gebracht en herstelde op het moment dat ze de kristallen buis kuste.

Het meest tot de verbeelding sprak misschien nog het wonder van december 1689, toen er een brand uitbrak op de Burg die het stadhuis dreigde te vernietigen. Een priester hield de relikwie omhoog, richtte ze naar de vlammen... en het vuur doofde ogenblikkelijk. Deze en vele soortgelijke mirakels werden door de Kerk erkend als zijnde volstrekt authentiek en maakten van de reliek van het Heilig Bloed een object van diepe devotie. Iedere vrijdag wordt het Heilig Bloed nog steeds tentoongesteld tijdens een openbare eredienst, en telkens is een grote menigte paraat om de relikwie alle mogelijke eer te betuigen.

Hoe slaagde hij erin mij te verschalken?
Hypnotiseerde hij me? Lette ik even niet op?
Viel ik staande in slaap?
In ieder geval, plots zag ik hem daar lopen…
Een lange man met sneeuwwit krullend haar,
gekleed in een eenvoudige soutane…
Ik had hem niet uit zijn kapel zien komen.
Verliet hij die misschien via een geheime gang?

Ik ging hem achterna, en dat zult u nu ook doen…
door de Blinde Ezelstraat!

Toen stopte Van Haecke plotseling en midden op de weg…
en hij draaide zich om.

Natuurlijk had hij de hele tijd geweten
dat ik hem volgde.
Men zei toch dat de Paus van Satan helderziende was,
dat hij het derde oog bezat?

'Waarom volgt u me?' vroeg hij.
'Bent u het... die ik heb gezien in Parijs?'
'U bedoelt... tijdens die zwarte mis?'
'Ja, dat bedoel ik.'

'Heb ik dan niet het recht om nieuwsgierig te zijn?
Zoals u dat bent?
En wie zegt dat ik daar niet was... als spion?'

'Spionnen houden zich op de achtergrond, meneer.
Zij orkestreren het gebeuren niet.
Antwoord mij: was u de gemaskerde priester
die de zwarte mis celebreerde?'

'U bedoelt te vragen: bent u de paus van Satan?'
'Ja, dat bedoel ik.'

Terwijl de ogen van Satans Paus
zich in de mijne boorden
en mijn blik geen fractie van een seconde loslieten,
prikte hij met een vinger in mijn borst...

'Satans Paus is hier...' zei hij.
'Om het Kwade te verslaan, moeten wij actie ondernemen.
Weet u, meneer Huysmans... Om te overwinnen,
is het voor de Boze voldoende
dat de goede mensen niets doen.'

‘Berthe heeft me verteld over de nachtmerries
waardoor je gekweld wordt.
Ik weet waarvan je me verdenkt, J.K.
Je gelooft dat ik het ben die ze je stuurt, is het niet?...
Maar alweer moet ik je teleurstellen.
Ik ben het niet die daar verantwoordelijk voor is.
Jij bent het, J.K. Huysmans. Jij en niemand anders
bent de producent van je nachtmerries!...
Ze zijn geïnspireerd door de tekeningen,
de schilderijen, de etsen die je zo bewondert, J.K.
Ik ben het niet die een artikel
over het werk van Félicien Rops heeft geschreven,
jij bent het.
Ik ben het niet die volslagen in de ban is geraakt
van de illustraties die de heer Rops heeft gemaakt
bij de bundel verhalen van je goede vriend
Barbey d’Aurevilly, getiteld *Les Diaboliques.*
Ik ben het niet die correspondeert
met Georges Rodenbach over de roman
waaraan hij werkt…
Bruges-la-Morte, zo is het toch?’

Hoe wist hij dat allemaal?

‘In Bruges-la-Morte dient men zich, meer nog dan elders,
bewust te zijn van de schaduwen, J.K. Huysmans,
en van de verborgen betekenis die zou kunnen schuilgaan
achter de initialen van je voornamen…’

De paus van Satan glimlachte en spreidde zijn handen
– met de handpalmen naar voor –
in het gebaar dat zowel door de Messias werd gemaakt
als door een goochelaar die wil aantonen
dat hij niets in de handen en niets in de mouwen heeft.

'Goed, J.K. Huysmans. Dit gezegd zijnde…
Mijn hulp wordt ook al eens ingeroepen
om een boze geest uit te drijven,
en dat is wat ik doe, wat ik heb gedaan
en wat ik nu ook zal doen: duivels uitdrijven.
En ik zal het doen voor jou, J.K.
Ik zal de demonen verjagen die je achtervolgen,
en dat zal dan het ultieme bewijs zijn dat je mij
de verkeerde rol hebt toebedeeld
in je geschiedenis van het satanisme.'

Maar van het exorcisme dat Van Haecke
op mij heeft uitgevoerd, heb ik niets meer
gehoord of gezien, want na die laatste woorden
verloor ik prompt het bewustzijn…
om weer bij mijn positieven te komen
in een politiebureau, met barstende hoofdpijn,
een vuistdikke buil op het achterhoofd,
beroofd van al mijn bezittingen, zelfs van mijn kleding.

Net als Berthe droeg ik alleen nog mijn ondergoed
en had ik slechts uiterst vage herinneringen
aan wat er de avond voordien was gebeurd.
'De paus van Satan, Louis Van Haecke', brabbelde ik.
'Het waren de zonderlinge praktijken
van de kapelaan van het Heilig Bloed
die mij in deze straat… in deze staat hebben gebracht…'

Voor de politie van Brugge stond het vast
dat mijn verwarde beschuldigingen
aan het adres van Louis Van Haecke
veroorzaakt werden door het verdovende middel
dat mijn overvallers mij met geweld hadden toegediend.

De agenten legden geen verband
met wat ene Berthe Courrière
niet zo lang geleden was overkomen,
of met de bizarre verklaring die zij had afgelegd.
Toen ik mij vervolgens voorstelde als een ambtenaar
van de Franse Sûreté, achtte men het zelfs mogelijk
dat de roofoverval
een zwaarwichtiger crimineel of zelfs een politiek motief
moest maskeren.

Ik sprak ze niet tegen,
want ik wilde mij niet nog meer in de nesten werken.
Daarom gaf ik ze ook grif gelijk
wat mijn beschuldigingen betrof
aan het adres van de kapelaan van het Heilig Bloed:
eerder die dag had ik de Processie meegemaakt,
en blijkbaar was het beeld van de kapelaan
om een of andere reden door mijn onderbewustzijn
blijven spoken…

En voor de rest hoefde ik niet echt
geheugenverlies te veinzen
om mij zonder verder gezichtsverlies
uit de slag te trekken…

Mysterieus België van A tot Z

Sagen, mythen, legenden, sterke verhalen,
geheimzinnige geschiedenissen, feiten en fictie
van Aalst tot Zwevezele, van Arlon tot Weris!
Wij organiseren voor u een stadsspel, schattenjacht,
fotozoektocht in Mysterieus België,
met een handig doe-het-zelf pakket,
1 spelleider of diverse performers,
in het Nederlands, Frans of Engels!

Vraag vrijblijvend een offerte aan:
info@inter-actief.be

In de reeks "Mysterieus België" zijn reeds beschikbaar:

Aalst - De Peer van De Saedeleer
Antwerpen - De 13 Werken van Lange Wapper
Brugge - De Geheimen van Brugge
Brugge - De Spoken van Brugge
Brussel - De Steen der Wijzen
Gent - Waar zijn de Rechtvaardige Rechters gebleven?
Leuven - Met Quasiloco door Leuven
Mechelen - In het Spoor van Opsinjoor
Mons - Het Mysterie van Mons
Orval - Het Fortuin van de Bourbons

www.stadsspel.be
www.stadsspel.org
www.stadsspelen.blogspot.com

www.ingramcontent.com/pod-product-compliance
Ingram Content Group UK Ltd.
Pitfield, Milton Keynes, MK11 3LW, UK
UKHW020230250726
13967UKWH00001B/282

9 781447 665137